This camping journal belongs to

_____

Camping Journal

Campground : _____ Date : _____

Address : _____

Site # : _____ Site for next time : _____

Amenities : _____

_____

Weather : _____ Rating : ☆ ☆ ☆ ☆ ☆

Camping Companion : _____

_____

Who I met : _____

_____

Favorite Activities : _____

_____

_____

_____

_____

_____

Reminder for next time : _____

_____

_____

_____

_____

_____

Camping Memories

Favorite Memories : _____

_____

_____

_____

_____

_____

_____

_____

_____

_____

_____

Favorite Photos :

Camping Journal

Campground : _____ Date : _____

Address : _____

Site # : _____ Site for next time : _____

Amenities : _____

_____

Weather : _____ Rating : ☆ ☆ ☆ ☆ ☆

Camping Companion : _____

_____

Who I met : _____

_____

Favorite Activities : _____

_____

_____

_____

_____

_____

Reminder for next time : _____

_____

_____

_____

_____

Camping Memories

Favorite Memories : _____

_____

_____

_____

_____

_____

_____

_____

_____

_____

_____

Favorite Photos :

Camping Journal

Campground : _____ Date : _____

Address : _____

Site # : _____ Site for next time : _____

Amenities : _____

_____

Weather : _____ Rating : ☆ ☆ ☆ ☆ ☆

Camping Companion : _____

_____

Who I met : _____

_____

Favorite Activities : _____

_____

_____

_____

_____

_____

Reminder for next time : _____

_____

_____

_____

_____

Camping Memories

Favorite Memories : _____

_____

_____

_____

_____

_____

_____

_____

_____

_____

_____

Favorite Photos :

Camping Journal

Campground : _____ Date : _____

Address : _____

Site # : _____ Site for next time : _____

Amenities : _____

_____

Weather : _____ Rating : ☆ ☆ ☆ ☆ ☆

Camping Companion : _____

_____

Who I met : _____

_____

Favorite Activities : _____

_____

_____

_____

_____

_____

Reminder for next time : _____

_____

_____

_____

_____

Camping Memories

Favorite Memories : _____

_____

_____

_____

_____

_____

_____

_____

_____

_____

_____

Favorite Photos :

Camping Journal

Campground : _____ Date : _____

Address : _____

Site # : _____ Site for next time : _____

Amenities : _____

_____

Weather : _____ Rating : ☆ ☆ ☆ ☆ ☆

Camping Companion : _____

_____

Who I met : _____

_____

Favorite Activities : _____

_____

_____

_____

_____

_____

Reminder for next time : _____

_____

_____

_____

_____

Camping Memories

Favorite Memories : _____
_____
_____
_____
_____
_____
_____
_____
_____
_____
_____
_____

Favorite Photos :

Camping Journal

Campground : _____ Date : _____

Address : _____

Site # : _____ Site for next time : _____

Amenities : _____

_____

Weather : _____ Rating : ☆ ☆ ☆ ☆ ☆

Camping Companion : _____

_____

Who I met : _____

_____

Favorite Activities : _____

_____

_____

_____

_____

_____

Reminder for next time : _____

_____

_____

_____

_____

Camping Memories

Favorite Memories : _____

_____

_____

_____

_____

_____

_____

_____

_____

_____

_____

Favorite Photos :

Camping Journal

Campground : _____ Date : _____

Address : _____

Site # : _____ Site for next time : _____

Amenities : _____

_____

Weather : _____ Rating : ☆ ☆ ☆ ☆ ☆

Camping Companion : _____

_____

Who I met : _____

_____

Favorite Activities : _____

_____

_____

_____

_____

_____

Reminder for next time : _____

_____

_____

_____

Camping Memories

Favorite Memories : _____

_____

_____

_____

_____

_____

_____

_____

_____

_____

Favorite Photos :

Camping Journal

Campground : _____ Date : _____

Address : _____

Site # : _____ Site for next time : _____

Amenities : _____

_____

Weather : _____ Rating : ☆ ☆ ☆ ☆ ☆

Camping Companion : _____

_____

Who I met : _____

_____

Favorite Activities : _____

_____

_____

_____

_____

_____

Reminder for next time : _____

_____

_____

_____

_____

_____

Camping Memories

Favorite Memories : _____

_____

_____

_____

_____

_____

_____

_____

_____

_____

_____

Favorite Photos :

Camping Journal

Campground : _____ Date : _____

Address : _____

Site # : _____ Site for next time : _____

Amenities : _____

_____

Weather : _____ Rating : ☆ ☆ ☆ ☆ ☆

Camping Companion : _____

_____

Who I met : _____

_____

Favorite Activities : _____

_____

_____

_____

_____

_____

Reminder for next time : _____

_____

_____

_____

_____

Camping Memories

Favorite Memories : _____

_____

_____

_____

_____

_____

_____

_____

_____

_____

_____

_____

Favorite Photos :

Camping Journal

Campground : _____ Date : _____

Address : _____

Site # : _____ Site for next time : _____

Amenities : _____

_____

Weather : _____ Rating : ☆ ☆ ☆ ☆ ☆

Camping Companion : _____

_____

Who I met : _____

_____

Favorite Activities : _____

_____

_____

_____

_____

_____

Reminder for next time : _____

_____

_____

_____

_____

Camping Memories

Favorite Memories : _____

_____

_____

_____

_____

_____

_____

_____

_____

_____

_____

Favorite Photos :

Camping Journal

Campground : _____ Date : _____

Address : _____

Site # : _____ Site for next time : _____

Amenities : _____

_____

Weather : _____ Rating : ☆ ☆ ☆ ☆ ☆

Camping Companion : _____

_____

Who I met : _____

_____

Favorite Activities : _____

_____

_____

_____

_____

Reminder for next time : _____

_____

_____

_____

_____

_____

Camping Memories

Favorite Memories : _____

_____

_____

_____

_____

_____

_____

_____

_____

_____

_____

Favorite Photos :

Camping Journal

Campground : _____ Date : _____

Address : _____

Site # : _____ Site for next time : _____

Amenities : _____

_____

Weather : _____ Rating : ☆ ☆ ☆ ☆ ☆

Camping Companion : _____

_____

Who I met : _____

_____

Favorite Activities : _____

_____

_____

_____

_____

_____

Reminder for next time : _____

_____

_____

_____

_____

Camping Memories

Favorite Memories : _____

_____

_____

_____

_____

_____

_____

_____

_____

_____

_____

Favorite Photos :

Camping Journal

Campground : _____ Date : _____

Address : _____

Site # : _____ Site for next time : _____

Amenities : _____

_____

Weather : _____ Rating : ☆ ☆ ☆ ☆ ☆

Camping Companion : _____

_____

Who I met : _____

_____

Favorite Activities : _____

_____

_____

_____

_____

Reminder for next time : _____

_____

_____

_____

_____

Camping Memories

Favorite Memories : _____

_____

_____

_____

_____

_____

_____

_____

_____

_____

_____

Favorite Photos :

Camping Journal

Campground : _____ Date : _____

Address : _____

Site # : _____ Site for next time : _____

Amenities : _____

_____

Weather : _____ Rating : ☆ ☆ ☆ ☆ ☆

Camping Companion : _____

_____

Who I met : _____

_____

Favorite Activities : _____

_____

_____

_____

_____

_____

Reminder for next time : _____

_____

_____

_____

_____

_____

Camping Memories

Favorite Memories : _____

_____

_____

_____

_____

_____

_____

_____

_____

_____

_____

Favorite Photos :

Camping Journal

Campground : _____ Date : _____

Address : _____

Site # : _____ Site for next time : _____

Amenities : _____

_____

Weather : _____ Rating : ☆ ☆ ☆ ☆ ☆

Camping Companion : _____

_____

Who I met : _____

_____

Favorite Activities : _____

_____

_____

_____

_____

_____

Reminder for next time : _____

_____

_____

_____

_____

_____

Camping Memories

Favorite Memories : _____

_____

_____

_____

_____

_____

_____

_____

_____

_____

_____

Favorite Photos :

Camping Journal

Campground : _____ Date : _____

Address : _____

Site # : _____ Site for next time : _____

Amenities : _____

_____

Weather : _____ Rating : ☆ ☆ ☆ ☆ ☆

Camping Companion : _____

_____

Who I met : _____

_____

Favorite Activities : _____

_____

_____

_____

_____

_____

Reminder for next time : _____

_____

_____

_____

_____

_____

Camping Memories

Favorite Memories : _____

_____

_____

_____

_____

_____

_____

_____

_____

_____

_____

Favorite Photos :

Camping Journal

Campground : _____ Date : _____

Address : _____

Site # : _____ Site for next time : _____

Amenities : _____

_____

Weather : _____ Rating : ☆ ☆ ☆ ☆ ☆

Camping Companion : _____

_____

Who I met : _____

_____

Favorite Activities : _____

_____

_____

_____

_____

_____

Reminder for next time : _____

_____

_____

_____

_____

Camping Memories

Favorite Memories : _____

_____

_____

_____

_____

_____

_____

_____

_____

_____

_____

Favorite Photos :

Camping Journal

Campground : _____   Date : _____

Address : _____

Site # : _____   Site for next time : _____

Amenities : _____

_____

Weather : _____   Rating : ☆ ☆ ☆ ☆ ☆

Camping Companion : _____

_____

Who I met : _____

_____

Favorite Activities : _____

_____

_____

_____

_____

_____

Reminder for next time : _____

_____

_____

_____

_____

_____

Camping Memories

Favorite Memories : _____

_____

_____

_____

_____

_____

_____

_____

_____

_____

_____

Favorite Photos :

Camping Journal

Campground : _____   Date : _____

Address : _____

Site # : _____   Site for next time : _____

Amenities : _____

_____

Weather : _____   Rating : ☆ ☆ ☆ ☆ ☆

Camping Companion : _____

_____

Who I met : _____

_____

Favorite Activities : _____

_____

_____

_____

_____

_____

Reminder for next time : _____

_____

_____

_____

_____

_____

Camping Memories

Favorite Memories : _____

_____

_____

_____

_____

_____

_____

_____

_____

_____

_____

Favorite Photos :

Camping Journal

Campground : _____ Date : _____

Address : _____

Site # : _____ Site for next time : _____

Amenities : _____

_____

Weather : _____ Rating : ☆ ☆ ☆ ☆ ☆

Camping Companion : _____

_____

Who I met : _____

_____

Favorite Activities : _____

_____

_____

_____

_____

_____

Reminder for next time : _____

_____

_____

_____

_____

Camping Memories

Favorite Memories : _____

_____

_____

_____

_____

_____

_____

_____

_____

_____

_____

Favorite Photos :

Camping Journal

Campground : _____ Date : _____

Address : _____

Site # : _____ Site for next time : _____

Amenities : _____

_____

Weather : _____ Rating : ☆ ☆ ☆ ☆ ☆

Camping Companion : _____

_____

Who I met : _____

_____

Favorite Activities : _____

_____

_____

_____

_____

_____

Reminder for next time : _____

_____

_____

_____

_____

Camping Memories

Favorite Memories : _____

_____

_____

_____

_____

_____

_____

_____

_____

_____

_____

_____

Favorite Photos :

Camping Journal

Campground : _____ Date : _____

Address : _____

Site # : _____ Site for next time : _____

Amenities : _____

_____

Weather : _____ Rating : ☆ ☆ ☆ ☆ ☆

Camping Companion : _____

_____

Who I met : _____

_____

Favorite Activities : _____

_____

_____

_____

_____

_____

Reminder for next time : _____

_____

_____

_____

_____

_____

Camping Memories

Favorite Memories : _____

_____

_____

_____

_____

_____

_____

_____

_____

_____

_____

Favorite Photos :

Camping Journal

Campground : _____ Date : _____

Address : _____

Site # : _____ Site for next time : _____

Amenities : _____

_____

Weather : _____ Rating : ☆ ☆ ☆ ☆ ☆

Camping Companion : _____

_____

Who I met : _____

_____

Favorite Activities : _____

_____

_____

_____

_____

_____

Reminder for next time : _____

_____

_____

_____

_____

Camping Memories

Favorite Memories : _____

_____

_____

_____

_____

_____

_____

_____

_____

_____

_____

Favorite Photos :

Camping Journal

Campground : _____ Date : _____

Address : _____

Site # : _____ Site for next time : _____

Amenities : _____

_____

Weather : _____ Rating : ☆ ☆ ☆ ☆ ☆

Camping Companion : _____

_____

Who I met : _____

_____

Favorite Activities : _____

_____

_____

_____

_____

_____

Reminder for next time : _____

_____

_____

_____

_____

Camping Memories

Favorite Memories : _____

_____

_____

_____

_____

_____

_____

_____

_____

_____

_____

Favorite Photos :

Camping Journal

Campground : _____ Date : _____

Address : _____

Site # : _____ Site for next time : _____

Amenities : _____

_____

Weather : _____ Rating : ☆ ☆ ☆ ☆ ☆

Camping Companion : _____

_____

Who I met : _____

_____

Favorite Activities : _____

_____

_____

_____

_____

_____

Reminder for next time : _____

_____

_____

_____

_____

Camping Memories

Favorite Memories : _____

_____

_____

_____

_____

_____

_____

_____

_____

_____

_____

Favorite Photos :

Camping Journal

Campground : _____ Date : _____

Address : _____

Site # : _____ Site for next time : _____

Amenities : _____

_____

Weather : _____ Rating : ☆ ☆ ☆ ☆ ☆

Camping Companion : _____

_____

Who I met : _____

_____

Favorite Activities : _____

_____

_____

_____

_____

_____

Reminder for next time : _____

_____

_____

_____

_____

Camping Memories

Favorite Memories : _____

_____

_____

_____

_____

_____

_____

_____

_____

_____

_____

Favorite Photos :

Camping Journal

Campground : _____   Date : _____

Address : _____

Site # : _____   Site for next time : _____

Amenities : _____

_____

Weather : _____   Rating : ☆ ☆ ☆ ☆ ☆

Camping Companion : _____

_____

Who I met : _____

_____

Favorite Activities : _____

_____

_____

_____

_____

_____

Reminder for next time : _____

_____

_____

_____

_____

_____

Camping Memories

Favorite Memories : _____

_____

_____

_____

_____

_____

_____

_____

_____

_____

_____

Favorite Photos :

Camping Journal

Campground : _____ Date : _____

Address : _____

Site # : _____ Site for next time : _____

Amenities : _____

_____

Weather : _____ Rating : ☆ ☆ ☆ ☆ ☆

Camping Companion : _____

_____

Who I met : _____

_____

Favorite Activities : _____

_____

_____

_____

_____

Reminder for next time : _____

_____

_____

_____

_____

Camping Memories

Favorite Memories : _____

_____

_____

_____

_____

_____

_____

_____

_____

_____

_____

Favorite Photos :

Camping Journal

Campground : _____ Date : _____

Address : _____

Site # : _____ Site for next time : _____

Amenities : _____

_____

Weather : _____ Rating : ☆ ☆ ☆ ☆ ☆

Camping Companion : _____

_____

Who I met : _____

_____

Favorite Activities : _____

_____

_____

_____

_____

Reminder for next time : _____

_____

_____

_____

_____

Camping Memories

Favorite Memories : _____

_____

_____

_____

_____

_____

_____

_____

_____

_____

_____

Favorite Photos :

Camping Journal

Campground : _____ Date : _____

Address : _____

Site # : _____ Site for next time : _____

Amenities : _____

_____

Weather : _____ Rating : ☆ ☆ ☆ ☆ ☆

Camping Companion : _____

_____

Who I met : _____

_____

Favorite Activities : _____

_____

_____

_____

_____

_____

Reminder for next time : _____

_____

_____

_____

_____

Camping Memories

Favorite Memories : _____

_____

_____

_____

_____

_____

_____

_____

_____

_____

_____

Favorite Photos :

Camping Journal

Campground : _____ Date : _____

Address : _____

Site # : _____ Site for next time : _____

Amenities : _____

_____

Weather : _____ Rating : ☆ ☆ ☆ ☆ ☆

Camping Companion : _____

_____

Who I met : _____

_____

Favorite Activities : _____

_____

_____

_____

_____

_____

Reminder for next time : _____

_____

_____

_____

_____

_____

Camping Memories

Favorite Memories : _____

_____

_____

_____

_____

_____

_____

_____

_____

_____

Favorite Photos :

Camping Journal

Campground : _____ Date : _____

Address : _____

Site # : _____ Site for next time : _____

Amenities : _____

_____

Weather : _____ Rating : ☆ ☆ ☆ ☆ ☆

Camping Companion : _____

_____

Who I met : _____

_____

Favorite Activities : _____

_____

_____

_____

_____

_____

Reminder for next time : _____

_____

_____

_____

_____

_____

Camping Memories

Favorite Memories : _____

_____

_____

_____

_____

_____

_____

_____

_____

_____

_____

Favorite Photos :

Camping Journal

Campground : _____ Date : _____

Address : _____

Site # : _____ Site for next time : _____

Amenities : _____

_____

Weather : _____ Rating : ☆ ☆ ☆ ☆ ☆

Camping Companion : _____

_____

Who I met : _____

_____

Favorite Activities : _____

_____

_____

_____

_____

Reminder for next time : _____

_____

_____

_____

_____

Camping Memories

Favorite Memories : _____

_____

_____

_____

_____

_____

_____

_____

_____

_____

_____

Favorite Photos :

Camping Journal

Campground : _____ Date : _____

Address : _____

Site # : _____ Site for next time : _____

Amenities : _____

_____

Weather : _____ Rating : ☆ ☆ ☆ ☆ ☆

Camping Companion : _____

_____

Who I met : _____

_____

Favorite Activities : _____

_____

_____

_____

_____

_____

Reminder for next time : _____

_____

_____

_____

_____

Camping Memories

Favorite Memories : _____

_____

_____

_____

_____

_____

_____

_____

_____

_____

Favorite Photos :

Camping Journal

Campground : _____ Date : _____

Address : _____

Site # : _____ Site for next time : _____

Amenities : _____

_____

Weather : _____ Rating : ☆ ☆ ☆ ☆ ☆

Camping Companion : _____

_____

Who I met : _____

_____

Favorite Activities : _____

_____

_____

_____

_____

_____

Reminder for next time : _____

_____

_____

_____

_____

Camping Memories

Favorite Memories : _____
_____
_____
_____
_____
_____
_____
_____
_____
_____
_____

Favorite Photos :

Camping Journal

Campground : _____ Date : _____

Address : _____

Site # : _____ Site for next time : _____

Amenities : _____

_____

Weather : _____ Rating : ☆ ☆ ☆ ☆ ☆

Camping Companion : _____

_____

Who I met : _____

_____

Favorite Activities : _____

_____

_____

_____

_____

_____

Reminder for next time : _____

_____

_____

_____

_____

_____

Camping Memories

Favorite Memories : _____

_____

_____

_____

_____

_____

_____

_____

_____

_____

_____

Favorite Photos :

Camping Journal

Campground : _____ Date : _____

Address : _____

Site # : _____ Site for next time : _____

Amenities : _____

_____

Weather : _____ Rating : ☆ ☆ ☆ ☆ ☆

Camping Companion : _____

_____

Who I met : _____

_____

Favorite Activities : _____

_____

_____

_____

_____

_____

Reminder for next time : _____

_____

_____

_____

_____

Camping Memories

Favorite Memories : _____

_____

_____

_____

_____

_____

_____

_____

_____

_____

Favorite Photos :

Camping Journal

Campground : _____ Date : _____

Address : _____

Site # : _____ Site for next time : _____

Amenities : _____

_____

Weather : _____ Rating : ☆ ☆ ☆ ☆ ☆

Camping Companion : _____

_____

Who I met : _____

_____

Favorite Activities : _____

_____

_____

_____

_____

_____

Reminder for next time : _____

_____

_____

_____

_____

_____

Camping Memories

Favorite Memories : _____

_____

_____

_____

_____

_____

_____

_____

_____

_____

_____

Favorite Photos :

Camping Journal

Campground : _____ Date : _____

Address : _____

Site # : _____ Site for next time : _____

Amenities : _____

_____

Weather : _____ Rating : ☆ ☆ ☆ ☆ ☆

Camping Companion : _____

_____

Who I met : _____

_____

Favorite Activities : _____

_____

_____

_____

_____

_____

Reminder for next time : _____

_____

_____

_____

_____

Camping Memories

Favorite Memories : _____

_____

_____

_____

_____

_____

_____

_____

_____

_____

_____

Favorite Photos :

Camping Journal

Campground : _____ Date : _____

Address : _____

Site # : _____ Site for next time : _____

Amenities : _____

_____

Weather : _____ Rating : ☆ ☆ ☆ ☆ ☆

Camping Companion : _____

_____

Who I met : _____

_____

Favorite Activities : _____

_____

_____

_____

_____

_____

Reminder for next time : _____

_____

_____

_____

_____

_____

Camping Memories

Favorite Memories : _____

_____

_____

_____

_____

_____

_____

_____

_____

_____

_____

Favorite Photos :

Camping Journal

Campground : _____ Date : _____

Address : _____

Site # : _____ Site for next time : _____

Amenities : _____

_____

Weather : _____ Rating : ☆ ☆ ☆ ☆ ☆

Camping Companion : _____

_____

Who I met : _____

_____

Favorite Activities : _____

_____

_____

_____

_____

_____

Reminder for next time : _____

_____

_____

_____

_____

_____

Camping Memories

Favorite Memories : _____

_____

_____

_____

_____

_____

_____

_____

_____

_____

_____

Favorite Photos :

Camping Journal

Campground : _____   Date : _____

Address : _____

Site # : _____   Site for next time : _____

Amenities : _____

_____

Weather : _____   Rating : ☆ ☆ ☆ ☆ ☆

Camping Companion : _____

_____

Who I met : _____

_____

Favorite Activities : _____

_____

_____

_____

_____

Reminder for next time : _____

_____

_____

_____

_____

Camping Memories

Favorite Memories : _____

_____

_____

_____

_____

_____

_____

_____

_____

_____

_____

Favorite Photos :

Camping Journal

Campground : _____ Date : _____

Address : _____

Site # : _____ Site for next time : _____

Amenities : _____

_____

Weather : _____ Rating : ☆ ☆ ☆ ☆ ☆

Camping Companion : _____

_____

Who I met : _____

_____

Favorite Activities : _____

_____

_____

_____

_____

Reminder for next time : _____

_____

_____

_____

_____

Camping Memories

Favorite Memories : _____

_____

_____

_____

_____

_____

_____

_____

_____

_____

Favorite Photos :

Camping Journal

Campground : _____ Date : _____

Address : _____

Site # : _____ Site for next time : _____

Amenities : _____

_____

Weather : _____ Rating : ☆ ☆ ☆ ☆ ☆

Camping Companion : _____

_____

Who I met : _____

_____

Favorite Activities : _____

_____

_____

_____

_____

Reminder for next time : _____

_____

_____

_____

_____

Camping Memories

Favorite Memories : _____

_____

_____

_____

_____

_____

_____

_____

_____

_____

_____

Favorite Photos :

Camping Journal

Campground : _____ Date : _____

Address : _____

Site # : _____ Site for next time : _____

Amenities : _____

_____

Weather : _____ Rating : ☆ ☆ ☆ ☆ ☆

Camping Companion : _____

_____

Who I met : _____

_____

Favorite Activities : _____

_____

_____

_____

_____

_____

Reminder for next time : _____

_____

_____

_____

_____

_____

Camping Memories

Favorite Memories : _____

_____

_____

_____

_____

_____

_____

_____

_____

_____

Favorite Photos :

Camping Journal

Campground : _____ Date : _____

Address : _____

Site # : _____ Site for next time : _____

Amenities : _____

_____

Weather : _____ Rating : ☆ ☆ ☆ ☆ ☆

Camping Companion : _____

_____

Who I met : _____

_____

Favorite Activities : _____

_____

_____

_____

_____

Reminder for next time : _____

_____

_____

_____

_____

Camping Memories

Favorite Memories : _____

_____

_____

_____

_____

_____

_____

_____

_____

_____

Favorite Photos :

Camping Journal

Campground : _____ Date : _____

Address : _____

Site # : _____ Site for next time : _____

Amenities : _____

_____

Weather : _____ Rating : ☆ ☆ ☆ ☆ ☆

Camping Companion : _____

_____

Who I met : _____

_____

Favorite Activities : _____

_____

_____

_____

_____

_____

Reminder for next time : _____

_____

_____

_____

_____

_____

Camping Memories

Favorite Memories : _____

_____

_____

_____

_____

_____

_____

_____

_____

_____

_____

Favorite Photos :

Camping Journal

Campground : _____ Date : _____

Address : _____

Site # : _____ Site for next time : _____

Amenities : _____

_____

Weather : _____ Rating : ☆ ☆ ☆ ☆ ☆

Camping Companion : _____

_____

Who I met : _____

_____

Favorite Activities : _____

_____

_____

_____

_____

_____

Reminder for next time : _____

_____

_____

_____

_____

Camping Memories

Favorite Memories : _____

_____

_____

_____

_____

_____

_____

_____

_____

_____

_____

Favorite Photos :

Camping Journal

Campground : _____ Date : _____

Address : _____

Site # : _____ Site for next time : _____

Amenities : _____

_____

Weather : _____ Rating : ☆ ☆ ☆ ☆ ☆

Camping Companion : _____

_____

Who I met : _____

_____

Favorite Activities : _____

_____

_____

_____

_____

_____

Reminder for next time : _____

_____

_____

_____

_____

Camping Memories

Favorite Memories : _____

_____

_____

_____

_____

_____

_____

_____

_____

_____

_____

Favorite Photos :

Camping Journal

Campground : _____ Date : _____

Address : _____

Site # : _____ Site for next time : _____

Amenities : _____

_____

Weather : _____ Rating : ☆ ☆ ☆ ☆ ☆

Camping Companion : _____

_____

Who I met : _____

_____

Favorite Activities : _____

_____

_____

_____

_____

_____

Reminder for next time : _____

_____

_____

_____

_____

_____

Camping Memories

Favorite Memories : _____

_____

_____

_____

_____

_____

_____

_____

_____

_____

Favorite Photos :

Camping Journal

Campground : _____ Date : _____

Address : _____

Site # : _____ Site for next time : _____

Amenities : _____

_____

Weather : _____ Rating : ☆ ☆ ☆ ☆ ☆

Camping Companion : _____

_____

Who I met : _____

_____

Favorite Activities : _____

_____

_____

_____

_____

_____

Reminder for next time : _____

_____

_____

_____

_____

Camping Memories

Favorite Memories : _____

_____

_____

_____

_____

_____

_____

_____

_____

_____

Favorite Photos :

Camping Journal

Campground : _____ Date : _____

Address : _____

Site # : _____ Site for next time : _____

Amenities : _____

_____

Weather : _____ Rating : ☆ ☆ ☆ ☆ ☆

Camping Companion : _____

_____

Who I met : _____

_____

Favorite Activities : _____

_____

_____

_____

_____

_____

Reminder for next time : _____

_____

_____

_____

_____

_____

Camping Memories

Favorite Memories : _____
_____
_____
_____
_____
_____
_____
_____
_____
_____
_____

Favorite Photos :

Camping Journal

Campground : _____ Date : _____

Address : _____

Site # : _____ Site for next time : _____

Amenities : _____

_____

Weather : _____ Rating : ☆ ☆ ☆ ☆ ☆

Camping Companion : _____

_____

Who I met : _____

_____

Favorite Activities : _____

_____

_____

_____

_____

_____

Reminder for next time : _____

_____

_____

_____

_____

_____

Camping Memories

Favorite Memories : _____

_____

_____

_____

_____

_____

_____

_____

_____

_____

_____

Favorite Photos :

Camping Journal

Campground : _____ Date : _____

Address : _____

Site # : _____ Site for next time : _____

Amenities : _____

_____

Weather : _____ Rating : ☆ ☆ ☆ ☆ ☆

Camping Companion : _____

_____

Who I met : _____

_____

Favorite Activities : _____

_____

_____

_____

_____

_____

Reminder for next time : _____

_____

_____

_____

_____

Camping Memories

Favorite Memories : _____

_____

_____

_____

_____

_____

_____

_____

_____

_____

Favorite Photos :

Camping Journal

Campground : _____ Date : _____

Address : _____

Site # : _____ Site for next time : _____

Amenities : _____

_____

Weather : _____ Rating : ☆ ☆ ☆ ☆ ☆

Camping Companion : _____

_____

Who I met : _____

_____

Favorite Activities : _____

_____

_____

_____

_____

Reminder for next time : _____

_____

_____

_____

_____

Camping Memories

Favorite Memories : _____

_____

_____

_____

_____

_____

_____

_____

_____

_____

_____

Favorite Photos :

Camping Journal

Campground : _____ Date : _____

Address : _____

Site # : _____ Site for next time : _____

Amenities : _____

_____

Weather : _____ Rating : ☆ ☆ ☆ ☆ ☆

Camping Companion : _____

_____

Who I met : _____

_____

Favorite Activities : _____

_____

_____

_____

_____

_____

Reminder for next time : _____

_____

_____

_____

_____

_____

Camping Memories

Favorite Memories : _____

_____

_____

_____

_____

_____

_____

_____

_____

_____

_____

Favorite Photos :

Camping Journal

Campground : _____ Date : _____

Address : _____

Site # : _____ Site for next time : _____

Amenities : _____

_____

Weather : _____ Rating : ☆ ☆ ☆ ☆ ☆

Camping Companion : _____

_____

Who I met : _____

_____

Favorite Activities : _____

_____

_____

_____

_____

_____

Reminder for next time : _____

_____

_____

_____

_____

_____

Camping Memories

Favorite Memories : _____

_____

_____

_____

_____

_____

_____

_____

_____

_____

_____

Favorite Photos :

Camping Journal

Campground : _____   Date : _____

Address : _____

Site # : _____   Site for next time : _____

Amenities : _____

_____

Weather : _____   Rating : ☆ ☆ ☆ ☆ ☆

Camping Companion : _____

_____

Who I met : _____

_____

Favorite Activities : _____

_____

_____

_____

_____

Reminder for next time : _____

_____

_____

_____

_____

Camping Memories

Favorite Memories : _____

_____

_____

_____

_____

_____

_____

_____

_____

_____

_____

Favorite Photos :

Notes

Notes

Notes

Made in the USA
Coppell, TX
02 June 2022

78397060R00069